Hallo liebe Kinder!

Darauf habt ihr jetzt 7 Jahre warten müssen. Nun ist es endlich soweit. Der erste Schultag rückt immer näher. Die Aufregung wird immer größer. Viele Fragen kommen auf Euch zu! Wer ist alles in meiner Klasse? Wie sieht das Klassenzimmer aus? Bekomme ich einen guten Lehrer? (Oder doch Frau Streng?).
Doch die wichtigste Frage von allen wird sein: Wie soll meine Schultüte aussehen? Ich denke, sie muss ziemlich bunt sein!
Sie soll ein Hündchen als Motiv haben, denn ich liiiebe Hunde!
Eine Ballerina wäre cool, weil ich im Ballett bin. Auch Elfen fände ich toll, oder wie wäre es mit einem großen Drachen der mich am ersten Schultag beschützt?
Um Euch die Entscheidung etwas zu erleichtern haben wir uns hingesetzt und uns viele schöne Motive für Euch ausgedacht. Mal etwas abgedreht, manchmal knallbunt oder einfach nur voll süß!

Wir hoffen das für jeden etwas dabei ist und wünschen Euch viel Spaß an Eurem ersten Schultag.

Sandy & Ralfi

Schulanfang
2002
ABCDEFGHIJ
KLMNOPQRST
UVWXYZÄÖÜ

Arbeitsschritte

1. Zum Übertragen der Motive auf das Bastelmaterial legen Sie Transparentpapier über den Vorlagebogen. Mit einem Bleistift die Einzelteile nebeneinander durchzeichnen.
Das Blatt umdrehen und von hinten erneut mit einem weichen Bleistift nachfahren.

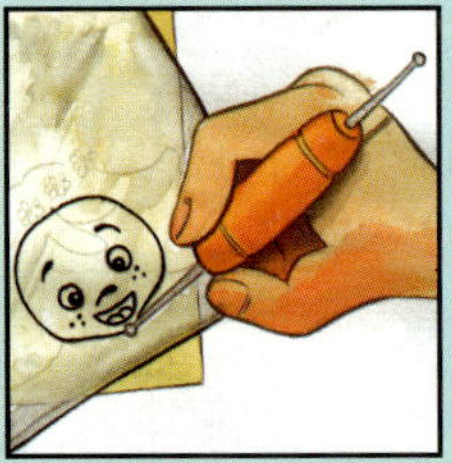

2. Legen Sie das Transparentpapier seitenrichtig auf das Bastelmaterial, z.B. Tonkarton und drücken mit einem Prägestift die Motive durch.

3. Mit einem Bastelmesser oder Schere die Motivteile ausschneiden. Beim Zusammenkleben können Sie den Vorlagebogen als Unterlage benutzen, damit die Proportionen passen.

4. Wenn Sie für den Schultütenrohling eine andere Hintergrundfarbe brauchen, so schneiden Sie einen entsprechenden Karton zurecht. Größe und Form finden Sie auf dem Vorlagebogen. Beachten Sie auch, dass manche Tüten eventuell verlängert werden müssen.

5. Der Tütenverschluss wird meistens aus Krepppapier gebastelt. Um die Stabilität zu erhöhen ist es ratsam, das Papier mehrlagig einzukleben. Deshalb haben wir des öfteren mit zwei Farben gearbeitet. Hierbei sollte die innere Farbe immer etwas herausschauen! Zum Einkleben am besten Heißleim verwenden. VORSICHT; HEIß!

Werkzeug

Schere, Bastelmesser (Cutter), Papierkleber, Heißleim (Klebepistole), weicher Bleistift, eventuell Kreisschneider, Prägestift, Schneidunterlage, Abstandshalter zum Aufkleben, Buntstifte

Tipps & Tricks

Verfeinern der Figuren

z.B. das Gesicht: Um weiche Wangen zu erhalten, schmirgeln Sie einen rosa Buntstift auf Schmirgelpapier ab. Den „Staub" wischen Sie nun, z.B. als Wange, mit kreisenden Bewegungen mit dem Finger auf.

Schatten und Licht

Wirkungsvolle Effekte erzielt man mit einem weißen, bzw. schwarzen Buntstift. Arme, Beine, Gesicht oder auch Kleidung wirken plastischer, wenn sie an den Kanten oder Rundungen etwas hervorgehoben werden. Schatten haben denselben Effekt, nur eben mit Schwarz. Gutes Beispiel ist „Degorios Drache", über den Augenlidern und in den Nasenhöhlen hat er schwarze Schatten, während sich andere Körperteile durch Weiß absetzen.

Abstandshalter

Beidseitige Klebeplättchen, etwa 2mm dick, erhält man im Bastelladen oder auch im Fotogeschäft bzw. Schreibwarenhandel. Damit liegen die Tonkartonteile nicht so „platt" übereinander. Das macht sich besonders bei gleichfarbigen Teilen bemerkbar. Beispiel sind hier die „Geister", vor lauter Weiß wären keine Konturen sichtbar.

PlusterPen & GlitterPen

Zum Verzieren oder auch zum Hervorheben bestimmter Motivteile werden diese mit Pluster-, o. GlitterPen umrandet. Auch Augenglanzpunkte in der Pupille malen Sie am Besten mit einem weißen PlusterPen auf (muss nicht unbedingt aufgeplustert werden!). Beispiel für Plustern: Geister. Beispiel für Glittern: Evi Elfchen, Flügel und Schmetterlinge

Tuschestift oder schwarzer (nicht wasserfester) Fineliner:

Alle Figuren werden mit schwarzem Stift bemalt. Wimpern, Augenbrauen, Mund, Kleidungsfalten u.s.w. sind meistens zu fein, um diese aus Papier auszuschneiden. Abgesehen davon geht`s so auch schneller und hat den selben Effekt!

Prima Ballerina

Material:

Schultütenrohling 100cm
Tonkarton in Weiß, Rosé, Haut, Rosa, Schwarz
Regenbogentransparentpapier
Strohseide Rosa, Tüll Rosa
Filz Weiß, Krepppapier Weiß
Satinbändchen Weiß 4mm, ca. 1m
Schleifenband im Rosa-Weißton, ca. 1m
GlitterPen Fuchsia
2 perlmuttfarbene Halbperlen Ø 7mm

Diese süße Ballerina ist was für „große“ Mädchen!

Der Hintergrund besteht aus 3 wellig geschnittenen Tonkartonteilen, darüber setzen Sie über die Tüte verteilt verschiedengroße Sterne aus Strohseide, die Sie mit GlitterPen umrandet haben. Die Ballerina mit Tonkarton nach Vorlage fertigen. Das Haarteil ist aus Filz. Dieses kleben Sie auf die Stirn. Seitlich etwas einschneiden und die Ohren dahinterstecken.

Das Röckchen wird aus 2 Reststückchen rosa Tüll (ca. 10x30cm) gebastelt. Raffen Sie die Oberkante in „Hüftbreite“ und kleben Sie diese mit Heißleim an. Das zweite Stückchen setzen Sie ebenso darüber.

Ebenfalls aus Tüll ist die zweite Haarschleife, die Sie genauso wie die Tonpapierschleife ausschneiden. Mit einem Restchen (ca. 2x10cm) einen Knoten umbinden.

Um die Hüften und Beine das Satinbändchen wickeln. Für den schönen Verlauf der Augenfarbe sorgt das Regenbogentransparentpapier.

Zum Schluss verzieren Sie die graziöse kleine Tänzerin mit Buntstiften!

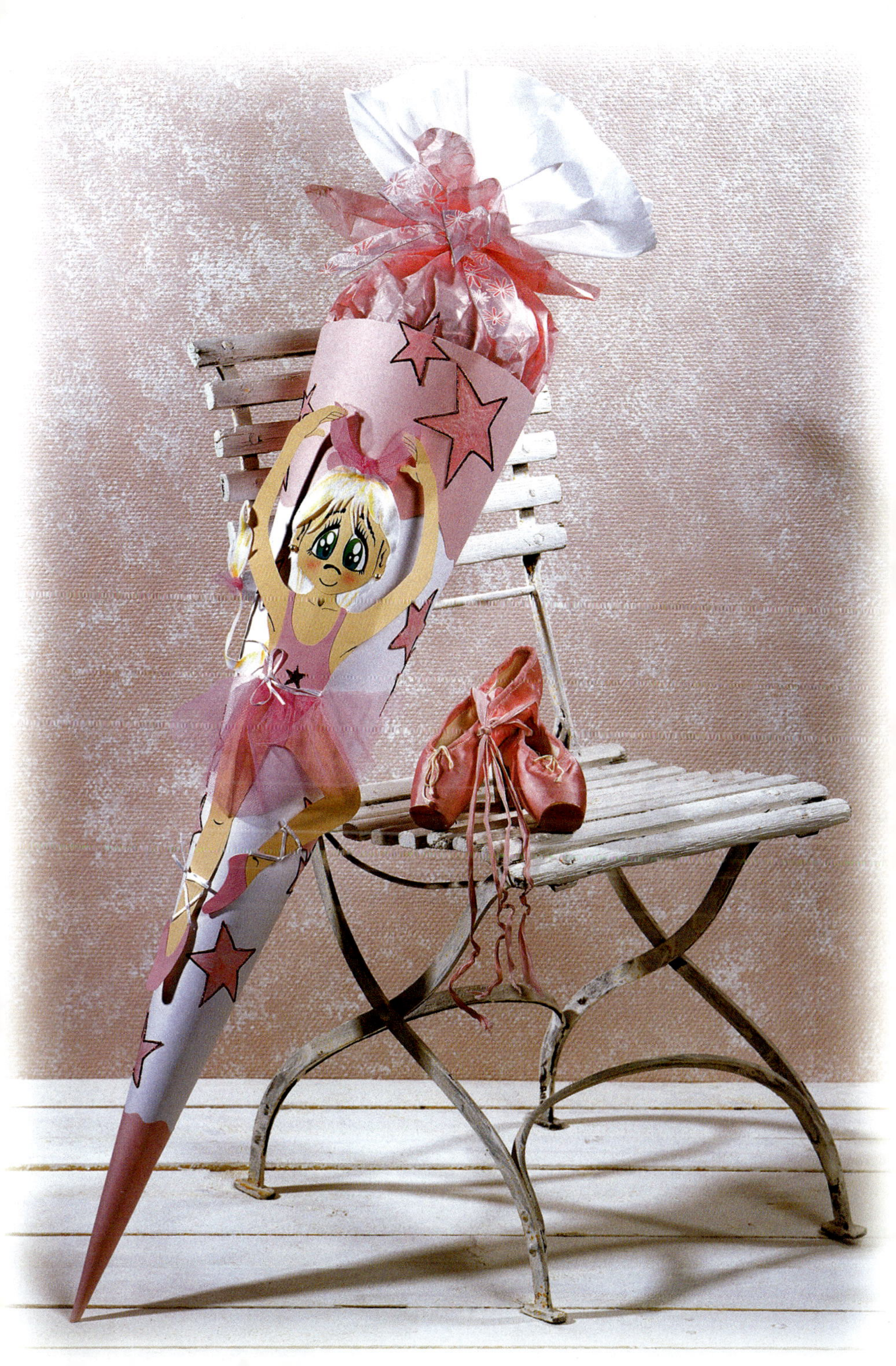

Ich beiß' mich durch!

Material:

Schultütenrohling 70cm
Tonkarton Weinrot, Schwarz, Mattgold
Haut, Weiß, Orange
Gruselkarton Fledermäuse
Transparentpapier Gruselbaum
Krepppapier Schwarz
Spinnweben Schwarz
Halloween-Girlande Totenkopf
Schleifenband Spinne, ca. 1m
GlitterPen Schwarz, PlusterPen Weiß

Tja, es beißt sich halt jeder auf seine Weise so durch die Schule!

Für den Hintergrund verwenden Sie weinroten Tonkarton, den Sie anschließend mit Spinnweben umspinnen. Das Spinnennetz der Tütenspitze wird mit PlusterPen aufgemalt. Basteln Sie nun den kleinen Vampir nach Vorlage. Für den Kragen haben wir Gruseltransparentpapier verwendet, diesen, sowie Hut und Mantel, mit GlitterPen verziert. Mit Buntstiften kann man das Gesicht etwas verfeinern, wie z.B. schwarze Augenränder, oder lilafarbene Augen.

Lupo kommt in die Schule!

Material:

Schultütenrohling 65cm, 3D-Welle Rot
Tonkarton Schwarz, Weiß, Braun
Filz Schwarz, Weiß, Braun
Pünktchentonkarton Blau mit weißen Punkten
Krepppapier Schwarz, Weiß
2 Schleifenbänder Blau und Rot, je ca. 1m
PlusterPen Schwarz, Weiß
1 Hundespielzeug z.B. Seilknochen

Natürlich kommt Lupo nicht IN die Schule, aber immerhin mit ZUR Schule! Nämlich auf dieser hundestarken „Zuckertüte“. So sagt man übrigens bei uns zu den Schultüten!

Auf den fertigen Rohling kleben Sie schön verteilt schwarze Hundespuren, dasselbe in kleiner auf der Spitze.

Lupo ist aus Filz (hätten wir ihn nur besser gekämmt! ;-)), nur die Augen und das Halstuch werden in Tonkarton gebastelt. Die treuen Hundeaugen sind jeweils dreiteilig. Wimpern, Mund und Pfoten können Sie mit PlusterPen auftragen.

Für den „Tütenverschluss“ haben wir 2 Krepppapiere übereinander geklebt, wobei das innere etwas länger herausragt und lange Spitzen eingeschnitten sind.

WAU, was für eine Tüte!

Evi Elfchen

Tonkarton: Haut, Rosa, Hellorange, Dunkelorange, Zitronengelb, Goldgelb, Hellblau, Schwarz, Weiß, Rot, Tonkarton Rot-Gelb gestreift

Material:
Schultütenrohling 65cm, 3D-Welle Grün
Transparentpapier „Primavera" azurblau
Krepppapier Zitronengelb
Filz Weiß, Hellorange, Dunkelorange, Hellgrün, Dunkelgrün
Basteldraht Schwarz, ca. 0,6mm
6 Holzperlen Lila, Ø = 6mm
Baststückchen Gelb, ca. 15cm
2 Wackelaugen, Ø = 12mm
Schleifenband Gelb und Kordel Rosa-Orange, je ca. 1m
Stückchen grüne Kordel, ca. 7cm
GlitterPen Gold, PlusterPen Gelb, Rot

Evi verschlingt zwar einiges an Material, davon sollten Sie sich aber nicht „abschrecken" lassen! Das putzige Elfenmädchen ist recht einfach zu basteln.

In das Kleidchen werden kleine Löcher gestanzt und das Stück Bast zur Schleife eingeflochten. Die Flügel umranden Sie mit Glittergold. Haare und Schuhe sind aus Filz, werden jeweils etwas eingeschnitten und der Kopf, bzw. die Beine eingesteckt. Das Blumenkränzchen besteht aus kleinen Tonkartonblüten, die auf ein Stückchen Borte geklebt werden. Mit dem PlusterPen malen Sie die Sommersprossen auf. Die Schmetterlinge mit Glittergold verzieren. 2 Holzperlen auf die Enden eines Stückchen Drahtes kleben, diesen in der Mitte biegen und von hinten ankleben (Fühler). Das Gras der Tütenspitze besteht aus 2 Grüntönen Filz, die übereinander angebracht werden. Ebenfalls aus Filz sind die 6 weißen Blütenblätter, die Sie in die Tüte einkleben.

So, und nun lasst uns ZUR Schule, nicht aber VON der Schule fliegen! ;-)

Die Zauberschule

Tonkarton: Lila, Goldgelb, Hellbraun, Grau, Schwarz, Weiß
Dalmatiner-Muster

Material:

Schultütenrohling 70cm
Wellpappe Schwarz, Gold
Hologrammpapier Sternchen, Silber
Regenbogentransparentpapier
2 DIN A 4 Platten Filz, Dunkelblau
Kreppapier Violett, Weiß
Schleifenband Violett, z.B. aus Strohseide
Goldschnur Ø = ca. 2mm, 2m
2 Holzperlen natur Ø = 30mm,
1 Holzperle Gelb Ø = 12mm
Holzstab Ø = 8mm, Holzstab Ø = 6mm
Basteldraht schwarz Ø = ca. 0,6mm
Stückchen Sprungfeder
GlitterPen Gold, Schwarz, PlusterPen Weiß
2 Musterbeutelklammern, Bastelfarbe Gold, Schwarz

Für alle, die nicht in eine „normale" Schule kommen, haben wir natürlich auch die ultimative Tüte für kleine Zauberlehrlinge parat! ;-)

Diese magische Tüte ist etwas besonderes. Sie lebt! Der Kopf der Eule wackelt und die Flügel schwingen, wenn man am Bändchen zieht. Echt witzig! Wie das funktioniert, ist auf dem Vorlagebogen beschrieben.

Der Sitzplatz unseres Flattertierchens besteht aus zwei Stücken 8mm-Holzstab (20 u. 30cm), die zu einem T zusammengeklebt werden. Mit Heißleim aufbringen, das untere Stück mit der Wellpappespitze verdecken. Die Brille biegen Sie aus 30cm Draht unter Zuhilfenahme eines zylindrischen Gegenstandes (z.B. Klebestick) zum Umwickeln. Aus dem 6mm-Holzstab fertigen Sie den ca. 12cm Zauberstab, die Spitze mit Hologrammpapier o. –folie umwickeln. Die Filz-Vorhänge können mit Sternchen bemalt werden. Kleben Sie diese längs mittig an die Tütenoberkante und raffen das untere Viertel, das dann mit der Goldkordel geschnürt wird.

„Ruckzuckus Basteliarmos" und fertig ist die zauberhafte Magiertüte!

Degorios Drache

Tonkarton: Schwarz, Hell- u. Dunkelgrün, Zitronen- u. Goldgelb
Rot, Weiß, Haut, Grau

Material: Schultütenrohling 100cm
Filz Olivgrün
Strohseide Lindgrün
Naturpapier Rot-Gelb verlaufend
GlitterPen Rot, Schwarz, PlusterPen Weiß

Riesige Drachen müssen auch auf eine riesige Tüte!

Basteln Sie Degorios nach Vorlage. Arme und Beine kann man mit Abstandshaltern ankleben, so wird die Figur plastischer! Die strohseidenen Flügel von hinten nur im Bereich des Rückens an der Tüte befestigen, damit sie leicht schwingen. Die Spitze besteht aus verlaufendem Naturpapier, wobei 2 verschiedene „Flammen" übereinander gesteckt werden.

Die Augenbrauen mit GlitterPen Schwarz auftragen. In den Tütenverschluss beliebig Zacken einschneiden, mit in Streifen geschnittenem Naturpapier umbinden.

Fertig ist das „Ungetüm" von Tüte!

20 000 Meilen...

Tonkarton: Türkis, Mint, Schwarz, Weiß, Rot, Sonnen- , Goldgelb, Orange, Fuchsia, Lila, Hellgrün, Petrol, Rosé, Mattgold, Buntgestreift

Material: Schultütenrohling 100cm, Microwelle Mint
Metallfolien Silber, Prägestift für Strukturen
9 Musterbeutelklammern, Mobilefolie 0,4mm
Krepppapier Rot-Weiß gestreift
Schaschlikspieß, 2 rote Holzperlen Ø = 8mm
Kordel Lindgrün, GlitterPen Fuchsia

Damit man in der Schule auch mal untertauchen kann, braucht man ein entsprechendes Fahrzeug, sprich, dieses gewaltige, futuristische, majestätische U-Boot!

Keine Angst, ist nicht so schwer wie es vielleicht aussieht. Fische und Korallen sind ganz leicht nach der Vorlage zu basteln. Die langen Gräser aus Microwellpappe am Ansatz mit der silbernen Spitze überkleben.

Das U-Boot selber wird mit einem Loch versehen, ebenso die Schultüte an der gleichen Stelle. So entsteht dieses witzige „Guckloch" auf die Naschereien. Natürlich erhält diese Luke eine „Scheibe" aus Mobilefolie. Darüber kleben Sie dann den Lukenrahmen. Die goldenen Nieten sind Musterbeutelklammern, werden eingesteckt, hinten umgebogen und bei Bedarf mit einer Zange abgezwickt. Die Schiffsschraube ist aus doppeltem (2x aneinander geklebtem) Goldkarton.
2 angeleimte Perlen halten diese auf dem Schaschlikstäbchen fest.

Die Struktur des Mundes und die Krümmung beim Guckrohr können Sie einprägen.

Alle Mann auf Tauchstation!

Die Geister sind los!

Material:

Schultütenrohling 70cm
Tonkarton Schwarz, Weiß, Orange
Hellgrün, Sonnengelb
Regenbogentransparentpapier
Krepppapier Hellorange
Kordel Lindgrün ca. 1m
Beliebig viele Paare Wackelaugen in verschiedenen Größen
PlusterPen Weiß

Uuuuuah! Die Schulgespenster gehen um. Was auf den ersten Blick recht verwirrend und durcheinander aussieht (soll ja auch so sein, he, he, heee!), ist einfach nur ein übereinander kleben der Geister mit Abstandshaltern. So erhält man die Plastizität, die bei dem ganzen Weiß auch nötig ist. Zusätzlich umranden Sie alle weißen Teile mit weißem PlusterPen. Wir haben außerdem mit Buntstift noch etwas Schatten eingezeichnet.

Die Geisterstadt ist die Verlängerung der Tüte, d.h. Sie ist Teil des schwarzen Hintergrundkartons. Mit einem spitzen Bastelmesser schneiden Sie Fenster usw. aus, hinterkleben die „Öffnungen“ mit Regenbogentransparentpapier. Zum Schluss die Wackelaugen auf der Tüte verteilen.

Jetzt kann das spuken beginnen!

Weltraumkrieger

Tonkarton: Schwarz, Weiß, Olivgrün, Rotbraun, Dunkelbraun
Sonnengelb, Mattgold, Grau, Haut

Material:
Schultütenrohling 70cm, Orange
Wellpappe Mattgold, 3D-Wellpappe Natur
Moon Rock Paper (Papier) Orange
Kuhfell-Papier
Satinbändchen Schwarz 4mm, ca. 50cm
Stückchen Nylonschnur
ca. 10 Silberperlen Ø = 4mm
Styroporhalbkugel Ø = 20cm
3 ovale Wackelaugen ca. 8x6mm
PlusterPen Gelb, Bastelfarbe Olivgrün

Auf Oranija ist längst kein Krieg mehr! Waffen werden nur noch für „Schaukämpfe" oder dem alljahrzehntlichen Umzug entstaubt.

Die Tütenöffnung haben wir mit schwarzem Tonkarton etwas verlängert, da sonst die Halbkugel nicht reinpasst. Diese bemalen Sie olivgrün und basteln verschiedene Krater aus braunen Tonkartonstreifen (2,5x13cm, 2,5x11cm, 2,5x9cm, 2x8cm) in beliebiger Anzahl.

Den Krieger und sein Reittier nach Vorlage ausschneiden und zusammenkleben. Das Satinbändchen findet beim Zügel, Speerspitze und Schuh Verwendung. Auf ein Stückchen Perlon fädeln Sie die Perlen auf und binden diese als Kette dem Alien um. Wackelaugen haben wir nur für die Zackenschnecke verwendet, allerdings können Sie dem Reittier auch eines aufkleben oder eben aus Tonpapier selbermachen.

 Also, Männer! Auf die Schere! Fertig! Schnitt! ;-)

Die 3 Schumons

Material:

Schultütenrohling 65cm, 3D-Welle Gelb
Tonkarton Hellblau, Hellgrün, Schwarz, Weiß
Rot, Lila, Pink, Gelb
Eventuell Pünktchenkarton, Alufolie Silber
Hologrammkarton Regenbogenfarbe
Krepppapier Hellblau, Pink
Kordel oder Schleifenband Gelb, Pink
12 Musterbeutelklammern
Basteldraht Schwarz, ca. 0,6mm

„Schumon" ist die Abkürzung von Schultütenmonster! Kommt mir irgendwie bekannt vor ;-).

Das fliegende Monster ist das einfachste: die Flügel sind aus Alufolie, der Stachel aus Regenbogenhologrammkarton. Beim Kugelmonster benötigen Sie 2 Stückchen Draht, ca. 20cm lang. Diese werden um einen Stift gewickelt und danach etwas auseinandergezogen um die Spiralform zu erhalten. Mit Musterbeutelklammern werden die Zangenklauen beweglich gemacht. Die gleichen Klammern braucht man für die Schlange um die schwarzen und weißen Körperteile zu verbinden. Mit den dicken Teilen beginnen Sie am Kopf (Wange) der Schlange und enden mit den dünnen an der Schwanzspitze. Zum Schluss die Tüte ringsum mit bunten Tonkarton -Sternen, -Spiralen, -Punkten, -Monden nach Belieben schmücken.

Fleißiges Bienchen

Material:

Schultütenrohling 70cm, Hellgrün
Tonkarton Schwarz, Sonnengelb, Zitronengelb
Rot, Braun, 3D-Wellpappe Natur
Transparentpapier „Primavera" Hellgrau
Krepppapier Orange, Basteldraht Schwarz
2 Holzperlen Rot, ca. 8mm, Pfeifenputzer Grün
Filz Weiß, Goldgelb, Schwarz, 3 Grüntöne
Schleifenbänder o. Kordeln Gelb, Orange, ca. 1m
Window-Color Sonnengelb
Kleines Stück Mobilefolie
Kunstblumen Margeriten

In dieser süßen Tüte sind bestimmt auch andere Naschereien als nur Honig!

Um eine plastische Wirkung zu erzielen verwenden Sie Abstandshalter beim Aufbringen von Kopf, Bein und Arm. Haare und Streifen des Bienchens sind aus Filz. Die Fühler und das Honigkorbhenkelchen biegen Sie aus Draht. Mit Window-Color wird der Honig auf Mobilefolie gemalt, nach dem Trocknen ausgeschnitten und auf das Körbchen geklebt.

Einen grünen Pfeifenputzer in der Mitte knicken, an den Enden mit Filzblüten bekleben und zwischen die Filzblätter stecken - fertig sind die Margeriten.

Tipp: Falls Sie für die Schleife keine Kunstblumen bekommen, können Sie auch die gleichen aus Filz verwenden!

So, jetzt machen wir mal einen „Abstecher" in die Schule! ;-)

Krissi

Material:

Schultütenrohling 70cm
Tonkarton Rotbraun, Dunkelbraun, Olivgrün, Pistazie
Moon Rock Paper (Papier) Weiß
Kuschelvlies oder Filz Braun
Naturpapier Braun
Strohseide Orange
Naturbast
GlitterPen Grün, PlusterPen Schwarz
2 Wackelaugen mit Wimpern Ø = 15mm

Natürlich ist Krissi `ne Katze! Deshalb werden ja bei dieser Tüte fast ausschließlich „Naturmaterialien" verwendet!

Bekleben Sie erst den Rohling mit einem Naturpapier. Krissi ist aus Moon Rock, Mondfels-Papier, ihre Streifen aus Kuschelvlies. Kleines Kuschelkätzchen! Brauen, Schnauze und Brusthaar werden mit PlusterPen angedeutet. Der lange Schwanz kringelt sich zweimal um die ganze Tüte. Fixieren Sie diesen an einigen Stellen mit Heißleim. Spitze, Herzchen und Verschluss werden aus Strohseide gebastelt. Mit GlitterPen verzieren Sie noch die Herzchen und die Fische.

Wollen wir zuletzt noch hoffen, dass die Schule nicht wirklich „für die Katz`" ist! ;-)

Montag
Dienstag
Mittwoch
Donnerstag
Freitag
8°°- 8⁴⁵
Mathe
Deutsch
Sport
Erdkunde
Mathe
8⁴⁵- 9³⁰
Deutsch
Lesen
Sport
Mathe
Handarbeit
10°°- 10⁴⁵
Erdkunde
Mathe
Sport
Lesen
Handarbeit
10⁴⁵- 11³⁰
Biologie
Musik
Sport
Deutsch
Deutsch
11⁴⁵- 12³⁰
Handarbeit
Musik
Lesen
12³⁰- 13¹⁵
Handarbeit
Musik
Biologie
Mein Stundenplan

Mein Stundenplan

Material:

Tonkarton, Lila, Goldgelb, Hellbraun, Grau
Dalmatiner-Muster
Wellpappe mattgold
Regenbogentransparentpapier
Basteldraht schwarz ca. 0,6mm
2 Filzplatten DIN A 4, dunkelblau
Goldkordel Ø = ca. 2mm
110cm (4x15cm Vorhang, 50cm Aufhänger)
Holzstab 4mm, 1m
2 Holzkugeln Ø = 15mm
GlitterPen Gold, Bastelfarbe Gold

Der Ausschnitt des Stundenplans ist DIN A 4 groß. Diese Pläne erhält man zu Schulanfang kostenlos, Sie können diesen aber auch selbst aufzeichnen.

Im Prinzip kann die Anleitung „Zauberschule" verwendet werden. Die Eule ist nur etwas kleiner und wird ohne Wackelkopf und ohne Schwingflügel gebastelt.

Neu ist nur die kleine Uhr über der Zeitspalte. Diese wird einfach nach Vorlage gefertigt.

Die Sitzstange besteht aus 2 Teilen des Stabes, 23 und 9cm. Zur Stabilisierung des Planes schneiden (sägen) Sie noch 38cm des Stabes ab, binden 50cm Kordel je an den Enden fest und kleben den Stab hinten am der Planoberkante fest. Jetzt aufhängen.

Vielseidig Verlag

Ein weiteres Schultütenbuch

Lustige Schultüten...
..für unsere kleinen
ABC-Schützen
ISBN 3-930529-29-7
Best.Nr. 29297

Laubanger 19b 96052 Bamberg **Vielseidig Verlag** GmbH Tel. 0951/ 6 89 97 Fax. 0951/ 60 32 99